예영커뮤니케이션

모든 인간은 하나님의 형상을 닮은 존엄한 존재입니다. 전 세계의 모든 사람들은 인종, 민족, 피부색, 문화, 언어에 관계없이 존귀합니다. 예영커뮤니케이션은 이러한 정신에 근거해 모든 인간이 존귀한 삶을 사는 데 필요한 지식과 문화를 예수 그리스도의 사랑으로 보급함으로써 우리가 속한 사회에 기여하고자 합니다.

하늘 닮은 땅
나가사키

펴낸 날 · 2009년 11월 29일 | **초판 1쇄 찍은 날** · 2009년 11월 25일
지은이 · CBS 일본 기독교순교지 순례 편 | **펴낸이** · 김승태
등록번호 · 제2-1349호(1992. 3. 31) | **펴낸 곳** · 예영커뮤니케이션
주소 · (136-825) 서울시 성북구 성북1동 179-56 | **홈페이지** www.jeyoung.com
출판사업부 · T. (02)766-8931 F. (02)766-8934 e-mail : edit1@jeyoung.com
출판유통사업부 · T. (02)766-7912 F. (02)766-8934 e-mail : sales@jeyoung.com

copyright ⓒ 2009, CBS 일본 기독교순교지 순례
ISBN 978-89-8350-740-2 (03980)

값 6,000원

* 잘못 만들어진 책은 교환해 드립니다.
* 본 저작물은 저작권법에 의하여 한국 내에서 보호를 받는 저작물이므로 무단 전제와 무단 복제를 금합니다.

서문

　　CBS 기독교방송은 1954년 미국인 오토 디 캠프 선교사에 의해 설립된 최초의 민간방송입니다. 이것은 전쟁으로 폐허가 된 한반도를 복음으로 살리라는 하나님의 뜻에 순종한 한 선교사의 위대한 첫 걸음이었습니다. CBS는 이러한 복음의 빚을 갚기 위해 또 다른 발걸음을 내딛고 있습니다.

　　일본은 선교사들이 조선으로 들어가는 길목에서 한국 기독교의 뿌리를 제공한 모태입니다. 일본에서 세례를 받고 심령이 뜨거워진 학자 이수정은 조국에 미국인 선교사를 파송해 줄 것을 각계에 호소하며 성경번역 작업에 들어갔고, 이 결과로 언더우드, 아펜젤러 선교사가 한글성경을 가지고 인천항에 들어오는 놀라운 일이 가능했던 것입니다.

　　이렇듯 일본에 복음의 빚을 진 우리가 현재 복음화율 0.3%의 척박한 일본 땅에 다시 한 번 복음의 불씨를 지펴 아시아선교, 나아가 세계선교의 디딤돌 역할을 해 나가려 합니다. 세계교회가 선교를 포기한 선교사들의 무덤! 일본! 이미 지난 2005년부터 시작된 CBS의 일본선교로 1,500명에 이르는 목회자와 성도들이 나가사키 땅밟기 순례를 다녀왔습니다. CBS가 진행해 온 순교지 순례는 배교의 위협 앞에 목숨을 초개와 같이 버린 선배 신앙인들의 절대 믿음을 배우기 위한 과정입니다. 또 과거사에 대한 원망보다는 영혼에 대한 안타까움을 갖게 된 성도들의 뜨거운 마음이 일본선교의 농력이 되리라 믿기 때문입니다.

　　이 책은 밀림에 새 길을 내 듯 순교의 흔적을 탐문하고 자료를 수집해 온 많은 분들의 흘린 땀의 결실입니다. 그리고 그분들이 가장 감동을 받았던 순교의 유적지들을 이 책에 담았습니다. 아무쪼록 이 책을 보신 한 분 한 분의 기도와 땅밟기가 장차 여리고가 무너지는 함성이 되기를 바랍니다.

CBS한일연합선교대회 조직위원회

일본 기독교 역사

1549년 큐우슈(九州) 남단 가고시마(鹿兒島)에 도착한 프란시스코 자비에르(San Francisco Xavier, 1506-1552) 선교사는 일본에 최초로 복음을 전한다. 일본 기독교는 전국시대 패권을 장학했던 오다 노부나가(織田信長, 1534-1582)의 도움으로 신도수가 한 때 80만 명이 넘었다고 전해진다. 당시 일본의 인구가 1,500만 명에서 2,000만 명 정도였던 것을 생각하면 놀라운 일이 아닐 수 없다.

이러한 기독교의 부흥은 1597년 도요토미 히데요시(豊臣秀吉, 1536~1598)의 금교령과 1614년 토쿠가와 이에야스(德川家康(덕천가강), 1543-1616)의 금교령에 의해 크나큰 위기를 맞는다. 당시 30만 명이 넘는 선교사와 신자들이 체포, 추방, 개종을 강요 받고 순교를 당했다.

1637년 영주들의 가혹한 기독교 박해와 흉작, 그리고 과도한 세금으로 생활이 힘들어진 농민들이 폭동을 일으키게 되는데 이것이 '시마바라의 난'이다. 3만 7천여 명은 16세 소년 장수였던 '아마쿠사 시로'를 총대장으로 '하라성'에서 90일 간의 저항을 벌이지만 결국 남녀노소를 불문하고 모두 처형되고 만다.

250여 년 동안 이어진 일본의 기독교 박해는 세계교회사에 그 예를 찾아볼 수 없을 만큼 잔인했던 것으로 기록되고 있다.

일본 기독교의 역사적 흐름

1549	프란치스코 자비에르 선교사 카고시마 상륙
1550	하비에르 히라도로 거점 이동
1587	도요토미 히데요시 선교사 추방령
1597	도요토미 히데요시 금교령, 26성인 순교
1614	도쿠가와 이에야스 금교령, 나가사키 교회 박해
1619	교토 대순교
1622	나가사키(원화) 대순교
1623	도쿄(에도) 대순교
1629	후미에(초상 밟기) 시작
1633	쇄국령
1637	시마바라난
1657	오무라 박해
1805	아마쿠사 박해
1867	우라카미 박해
1873	크리스천 금제고찰의 철폐, 신교의 묵인
1889	제국헌법 발포, 신앙의 자유
1945	제2차 세계대전 종전, 나가사키 원폭 투하

일본 3대 순교

1. 1619년 10월 6일 교토 대순교

1619년 10월 6일, 가모가와(鴨川)의 6조(六條)에서 7조(七條) 사이, 현재의 정면다리의 부근에서 장군 도쿠가와 히데타다(德川秀忠, 1579-1632)의 명에 의해 52명의 신자가 화형으로 순교했다. 그 중 11명은 어린아이였다.

2. 1622년 9월 10일 나가사키(원화) 대순교

일본의 에도 시대(江戶時代) 초기인 1622년 9월 10일 나가사키 시의 니시자카 언덕에서 크리스천 55명이 화형 및 참형으로 순교했다.

3. 1623년 12월 4일 도쿄(에도)대순교

1623년 12월 4일 시나가와(品川)에서 선교사 두 명과 성도 50여 명이 수 많은 군중들 앞에서 순교했다.

나가사키 알고 가기

나가사키 현은 일본의 최서단, 큐슈의 서북부에 위치하고 있다. 도쿄까지는 직선거리로 967km, 한반도에 가깝고, 쓰시마(津島)에서 한국의 부산까지는 불과 53km떨어져 있는 위치에 있다.

면적: 4,095㎢
인구: 약 147만 명
통화: 엔(¥)
지폐: 1천, 2천, 5천, 1만
동전: 1, 5, 10, 50, 100, 500
전압: 100V 한국에서 쓰는 전자제품은 그대로 사용할 수 없다.

지역 관광 정보

A. 나가사키(長崎)
나가사키에서 빼놓을 수 없는 것이 바로 기독교 박해와 원폭 투하! 우라카미에는 평화공원과 원폭 자료관 등 역사적인 볼거리가 많다.

B. 히라도(平戶)
히라도는 일본 나가사키 현 북서부에 있는 히라도 섬의 항구 도시로 17세기 이전부터 포르투갈, 네덜란드 등과의 무역 교류가 활발했던 곳이다. 본격적인 기독교 선교의 출발지로 역사적인 기념물과 순교지가 많다.

C. 사세보(佐世保)
나가사키현 북부에 있는 항만 도시로 나가사키시에 이어 두 번째로 큰 도시다. 미군의 군항으로 번성했으며 약 25Km 해상에 200여 개의 섬들이 떠 있는 큐주쿠시마(九十九島) 풍경이 유명하다.

D. 운젠(雲仙)
'운젠지옥'으로도 불리는 이곳은 크리스천을 고문하고 박해했던 순교지로 알려져 있다. 현재 국립공원으로 지정된 온천 마을로 많은 관광객이 방문하는 명소이다.

E. 시마바라(島原)
'명수 100선'에 선정된 물의 고장 시마바라. 크리스천 농민의 난으로 유명한 시마바라 성은 시마바라의 상징으로 현재 크리스천 자료관이 공개되고 있다.

F. 하우스텐보스(Huis Ten Bosch)
중세 네덜란드의 거리를 재현한 대형 테마파크로 재미있는 놀이기구와 개성 있는 쇼핑센터 등 다양한 볼거리로 가득하다.

긴급 연락처

경찰 110, 구급차 119
한국 영사관: 나가사키에는 한국 영사관이 없기 때문에
후쿠오카 한국 영사관을 이용하면 된다.
전화: 092-771-0461~3 (09:00~12:00, 13:30~17:00)

차례

나가사키 _18

히가시 소노기 26순교자 승선지
토키츠 26순교자 상륙지
니시자카 공원
뇨코도
오우라 천주당
우라카미 교회
평화공원

히라도 _12

성 프란치스코 자비에르 기념교회
사키가타 공원
마츠우라 사료박물관
이키츠키 섬
네시코 크리스천 자료관
네시코 승천석
야이자 순교지

시마바라 _30

운젠지옥
구치노츠 순교지
이마무라 순교지
시마바라 순교지
시마바라 성
하라성터
하라성 자료관

오무라 _42

스즈타 감옥 옛터
처자이별의 바위
마리나 이나히메의 묘
호코바루 순교지
몸체무덤
머리무덤
오무라 시립 사료관
유럽 사절 소년의 동상
오비토리 순교지
호도케타니 암굴
산죠우 터

우레시노, 소토메 _52

우레시노
    코스테타니
    노조에
    바바노코야시키
    카키우치 감옥 터
    타와라자카 검문소
소토메
    토로 선교사 기념관
    엔도 슈사크 문학관

일본 선교 여행 간편 상식 _60

주기도문
사도신경
당신은 사랑받기 위해 태어난 사람
간편 일본어 회화
나가사키 관광 명소 추천 베스트 3
나가사키의 맛과 멋
나가사키 축제 즐기기
나가사키의 주요 축제 및 이벤트

히라도
平戶

성 프란치스코 자비에르 기념교회
사키가타 공원
마츠우라 사료박물관
이키츠키 섬
네시코 크리스천 자료관
네시코 승천석
야이자 순교지

히라도는 일본 나가사키 현 북서부에 있는 히라도 섬의 항구 도시로 17세기 이전부터 포르투갈, 네덜란드 등과의 무역 교류가 활발했던 곳이다. 본격적인 기독교 선교의 출발지로 역사적인 기념물과 순교지가 많다.

일본 기독교의 시작!

일본의 기독교 선교 역사는 1549년 8월 15일 프란치스코 자비에르 선교사 일행이 일본 큐슈 남부의 기고시마에 상륙과 함께 시작된다. 이듬해 포르투갈 선박의 히라도 입항을 계기로 선교의 거점을 히라도로 옮긴 자비에르는 영주인 마츠우라 타카노부(松浦隆信)의 허락을 받아 본격적인 일본 선교를 시작한다.

성 프란치스코 자비에르 기념교회
(聖サンフランシスコ・ザビエル記念教会)

1931년 프란치스코 자비에르 선교사의 방일 40주년을 기념해 히라도 항이 내려다보이는 언덕 위에 히라도 최초의 교회가 세워졌다. 이후 1971년 교회의 마당에 자비에르의 동상이 세워지고 '프란치스코 자비에르 기념교회'라고 불리게 되었다.

성 프란시스코 자비에르

사키가타 공원 (崎方公園)

히라도 항을 한 눈에 바라볼 수 있는 언덕에 위치한 공원으로, 프란치스코 자비에르 기념비를 비롯해 히라도 최초의 교회 유적 등이 있다

히라도 최초의 교회 터

자비에르 선교사 기념비 조금 위쪽에 선교사 일행이 숙소와 교회로 사용했던 히라도 최초의 교회 터가 남아 있다. 이곳을 제공한 사람은 키무라라는 무사로 1601년 그의 손자 세바스찬 키무라는 일본인 최초의 신부가 되었다. 키무라 신부는 1622년 원화대순교 당시 나가사키의 니시자카에서 순교하였다.

히라토의 사키가타 공원의 일각에 프란치스코 자비에르 선교사의 방일 400주년을 기념해 건립된 '프란치스코 자비에르 선교사 기념비'가 있다.

마츠우라 사료박물관 (松浦史料博物館)

일본 외교무역을 가장 먼저 성공시킨 히라토의 영주 마츠우라 타카노부의 저택이었던 곳으로 사료박물관으로 개장되었다. 박물관 안에는 1587년 6월 19일 발령된 토요토미 히데요시의 크리스천 금제의 정서(선교사 추방령) 원본이 전시되어 있다. 정서의 본문은 - '기독교의 선교를 금하며, 선교사들을 20일 이내에 일본으로부터 추방할 것. 그러나 남만선(포르투갈선)에 의한 무역은 계속해서 용인할 것이며, 기존의 크리스천의 신앙은 유지해도 좋다'-라는 내용으로 '금교장상(선교는 금지하되 무역은 장려함)'이 목적이었다. 이 밖에도 1700년에 만든 지구의, 생활용품 등 마츠우라 집안에 전해 내려온 다양한 유물들을 볼 수 있다.

이키츠키 섬　(生月島)

1587년 도요토미 히데요시가 하카다(博多港)에서 선교사 추방령을 내리자 전국의 선교사들이 이키츠키 섬으로 모여들면서 이곳에서 카쿠레(위장) 크리스천의 역사가 시작된다.

이키츠키 섬의 역사와 생활을 소개하는 박물관으로, 히라토 섬에서 이키츠키 섬으로 건너가는 이키츠키 대교의 건너편 교각 부근에 위치해 있다.
2층의 전시실에는 자비에르 선교사 이후 현재까지 이키츠키 섬에서 비밀스럽게 신앙을 지켜온 카쿠레 크리스천의 역사를 살펴볼 수 있다.

1609년 이키츠키 최초의 순교자인 '가스파루사마'가 처형된 곳.
가스파루사마는 나가사키 16성인의 한 사람인 토마스 니시의 부친이다.

네시코 크리스천 자료관
　　　　　(根獅子切支丹資料館)

네시코는 1562년 이후 토레스 신부 등에 의해 주민 대부분이 크리스천이 된 지역으로 1635년 네시코의 바닷가에서 많은 크리스천들이 처형되었다. 자료관에는 이 곳 카쿠레(잠복) 크리스천의 역사가 소개되고 있다.

네시코 승천석 (根獅子 昇天石)

1566년에 크리스천이었던 오로쿠닌사마가 불교도인 영주의 명령에 반항하다가 네시코 해변의 바위에서 처형되었다. 1635년에는 우스카, 시시, 네시코 등의 크리스천 70여 명이 체포되어 이 해변에 있는 세 개의 작은 바위 위에서 처형되었는데, 이 바위들은 순교자들의 영혼이 이곳에서 천국으로 승천하였다고 하여 "승천석"이라고 불리게 되었다.

이 숲 속 오솔길 뒤쪽에 오로쿠닌사마라고 불리는 순교자의 무덤이 있다. 이곳에는 네시코 승천석에서 처형당한 순교자들의 유해가 매장되었다고 한다.

야이자 순교지 (燒罪殉教地)

카밀로 콘스탄치오 선교사가 화형 된 야이자 언덕에 야이자 공원의 순교기념비가 서 있다. 건너편에 히라토 성이 멀리 보인다.

카밀로 콘스탄치오 선교사

이탈리아 출신 선교사로서 1605년 일본에 들어와 선교 활동을 하던 중 1614년 토쿠가와 막부의 금교령에 의해 마카오로 추방되었다. 이후 1621년 다시 일본으로 돌아오지만 사가와 이키츠키에서 선교하던 중 체포되어 화형을 당했다. 그가 순교하기 전 일본어와 포르투갈어, 네덜란드어로 전한 설교를 통해 그 누구도 원망하지 않으며 모든 사람들이 행복하고 영원한 생명의 삶을 살게 되기를 간절히 기원했다고 전해진다.

나가사키 長崎

히가시 소노기 26순교자 승선지
토키츠 26순교자 상륙지
니시자카 공원
뇨코도
오우라 천주당
우라카미 교회
평화공원

26순교자의 발자취를 따라서…

나가사키 현의 현청 소재지. 에도시대부터 조선, 중국, 네덜란드, 포르투갈 등 외국과 무역을 하던 유일한 항구도시로서 곳곳에 당시의 자취가 남아 있다. 이곳에서 일본 최초의 26명이 처형장으로 끌려가던 이동로가 있고, 이들이 십자가에 달려 처형당함으로 순교한 이후 기독교가 박해를 받는 동안 600여 명이 순교를 했다고 한다. 1945년 8월 9일 히로시마에 이어 두 번째로 원자폭탄이 투하되어 많은 사상자를 냈다. 전쟁의 뼈아픈 교훈을 후세에 전하기 위한 원폭자료관과 평화공원이 있다.

히가시 소노기 26순교자 승선지
(東彼杵二十六聖人乘船地)

처형된 26명의 순교자들이 처형장으로 가기 위해 배를 탔던 곳으로 이들이 승선한 옛 자리에 1986년 기념비가 세워졌다.

교토를 떠나 한 달이 지나고 순교의 마지막 날인 1597년 2월 4일 저녁 무렵 히가시 소노기 해변에 도착한 26명의 순교자들은 3척의 배에 나누어 타고 오무라 만을 건너 토키츠 해변에 당도한다.

토키츠 26순교자 상륙지
(時津 二十六聖人 上陸地)

1597년 2월 4일 저녁 11시경 토키츠 해변에 도착한 26명의 순교자들은 하룻밤을 배 위에서 지내고 다음 날 아침 일찍 상륙해 니시자카의 형장으로 향한다.

니시자카 공원
(西崎公園)

나가사키 역 왼편으로 보이는 니시자카 언덕은 26명의 크리스천이 처형된 곳으로 1962년 26성인 순교 100주년을 맞아 기념비와 기념관이 세워지고 '니시자카 공원'으로 조성되었다. 최초로 26명이 처형 당한 이후 600명 이상의 크리스천이 이곳에서 순교했다고 전해진다.

26성인 기념비
(二十六聖人像)

일본 크리스천인 후나고 씨가 만든 26성인 기념비는 감사와 기쁨을 안고 하늘에 올라가려고 하는 26명의 순교의 순간을 형상화 했다. 이 중 12, 13, 14살의 어린 소년들의 모습도 볼 수 있다.

26성인 기념비 뒤쪽.
박해를 피해 산 속이나 깊은 동굴에 숨어 예배를 드렸던 잠복 크리스천들이 십자가를 새긴 돌들을 모아 26명의 순교자가 한 달여 동안 걸어온 순교길을 표시해 놓았다.

26성인 기념관
(日本二十六聖人 記念館)

26성인을 기념해 지은 자료관으로 당시 크리스천의 역사를 살펴볼 수 있는 여러 가지 유물을 전시하고 있다.

26성인 중 한 명인 바오로 미키

디에고 키사이 선교사의 오른팔 유해 조각상

휘리포 교회
(26성인 기념 교회)

26성인이 교토에서부터 끌려와 도착한 토키츠가도의 종점에 있는 교회로 길을 사이에 두고 니시자카 순교지가 있다. 성 필립포는 멕시코 사람으로 필리핀에서 사제가 되기 위한 공부를 하고 귀국하던 중 일본에 들렀다가 순교한 24살의 청년이었는데, 26성인이 순교하고 100년이 지난 후 멕시코의 기부로 그의 이름을 붙인 이 교회가 건립되었다.

〈역사 알고 가기〉

일본 26성인의 순교 (日本二十六人の殉教者)

토요토미 히데요시의 기독교 금교령으로 1597년 1월 교토와 오사카에서 스페인 출신의 베드로 바우치스타 선교사를 포함한 24명의 크리스천들이 체포된다. 1월 9일, 교토를 출발한 순교자들은 사카이, 히메지, 오카야마, 히로시마를 경유해, 1월 31일 하카다에 도착하는데, 다음 날 히젠 나고야 인근 마을인 야마모토에서 두 명이 크리스천임을 밝히고 스스로 순교의 길을 택하면서 모두 26명의 크리스천이 처형장으로 향하게 된다. 한 달 가까이 순교의 길을 걸어 온 이들은 처형되기 전날 우레시노의 힘든 산길을 올라 오무라령의 타와라자카 고개를 넘어 나가사키 가도의 도선장이었던 히가시 소노기에 도착하기에 이르고, 소노기 해변에 도착한 26명은 세 척의 배에 나누어 태워진 채 오무라만을 건너 건너편의 토키츠 해변을 향해 나아간다. 다음 날인 2월 5일 정오 무렵, 26인의 순교자들은 나가사키의 니시자카에서 십자가에 달려 창에 찔린 채 순교하였다.

뇨코도
(如己堂)

우라카미의 잠복 크리스천을 이끌었던 평신도 최고 지도자(쵸가타)의 집터. 7대 쵸가타인 키치조우의 증손녀와 결혼한 고 나가이 타카시 박사의 연구실이기도 하다. 원폭 투하 당시 나가사키 병원에서 근무하고 있던 나가이 박사는 원폭 후유증으로 고통 받으면서도 피해자들을 돌보며 〈나가사키의 종〉, 〈이 아이들을 남기고〉 등을 집필하며 평화 기원에 힘썼다. 병설된 〈나가이 다카시 기념관〉에는 박사의 유품과 사진을 전시하고 있다.

'뇨코도'라는 명칭은 이웃을 자신처럼 사랑하라는 성서의 말씀에서 인용되었다.

오우라 천주당
(大浦天主堂)

1879년에 세워진 구 오우라 천주당은 일본에 남아 있는 가장 오래된 건축물로 1934년 국보로 지정되었다. 원폭 피해를 받았지만 전면적인 보수를 거쳐 1953년 다시 국보로 지정되었다.

이후 너무 많은 관광객이 찾으면서 신자들을 위해 1975년 11월 바로 아래쪽에 벽돌식 건물인 오우라 교회를 새로 세웠다. 오우라 교회 지하 1,2층은 관광센터, 1층에는 사제관과 홀이 있고, 2층과 3층이 예배당이다.

우라카미 교회 (浦上天主堂)

우라카미는 많은 크리스천이 신앙을 지켜낸 지역으로 원폭 피해의 아픔을 간직한 곳이기도 하다. 우라카미 교회는 기독교 탄압의 시대를 견디고 유배지에서 돌아온 신도들이 후미에(성화밟기)가 행해지던 촌장(쇼야 야시키)의 집터를 사들여 허물고 1873년에 건립했다. 붉은 벽돌을 하나씩 쌓아 무려 30여 년에 걸쳐 완성해 당시 동양 최대의 교회로 불렸으나 원폭과 함께 파괴되었고, 1959년 재건되었다.

일본의 역사를 되돌아 볼 때 절대 빠질 수 없는 단어가 바로 '전쟁'이다. 두 번째 원폭 투하지인 나가사키 우라카미에 가면 원폭 자료관과 평화공원 등 아픈 역사를 전하고 있는 기념 시설들을 찾아볼 수 있다. 매년 8월 9일에는 평화를 기원하는 기념식이 행해진다.

평화공원 (平和公園)

전쟁의 역사를 두 번 다시 반복하지 않겠다는 다짐과 세계 평화를 기원하는 마음을 담아 만든 기념 공원이다.
평화공원은 크게 기원, 소망, 배움, 스포츠, 광장의 5개 구역으로 구성되어 있으며, 소망 구역에는 평화기념상이 있고, 기원 구역에는 원폭낙하중심비, 배움 구역에는 나가사키 원폭자료관이 위치하고 있다. 이 밖에도 세계 14개국에서 보낸 평화 기념상도 찾아 볼 수 있다.

평화공원 기념상

원폭 낙하 중심지 공원
(原子爆弾落下中心地)

평화공원 기념상에서 남쪽으로 조금 내려가 '기원 구역'으로 가면 원폭으로 파괴된 지층이 보존되어 일반인들에게 공개되고 있다.

1945년 8월 9일 오전 11시 2분 고도 9600m에서 투하된 원자폭탄이 마쯔야마쵸 상공 500m에서 폭발하면서 7만3천8백여 명이 목숨을 잃고 7만4천9백여 명이 부상당했다. 마쯔야마초는 단 한 명의 소녀만을 남기고 주민 전원이 사망했는데 이곳에 원폭 낙하 중심지 공원이 세워져 평화를 비는 기념물들을 볼 수 있다.

낙하 중심지 푯대 옆에 옮겨져 있는 우라카미 천주당의 원폭 잔해 일부

원폭으로 녹아 내린 잔해가 그대로 남아 있는 우라카미 천주당에 있던 조각상들

나가사키 원폭 조선인 희생자 추도비

강제 연행됐던 조선인 노동자들은 우라카미 형무소 등지에서 원폭으로 희생되었다. 이후 나가사키 재일조선인인권회가 속죄의 뜻을 담아 1979년 평화공원 안에 추도비를 세웠다.

나가사키 원폭 자료관
（長崎原爆資料館）

원폭 투하 지점에서 150m 떨어진 곳에 위치한 원폭 자료관이다. 1955년 건축되었던 나가사키 국제문화회관을 헐고 1996년 핵병기폐기 및 세계영구평화를 위한 목적으로 새롭게 건립되었다.

돔 형태로 설계된 건물은 지상 2층, 지하 2층으로 이뤄져 있으며, 전시실에는 약 900점의 원폭 자료가 전시되어 있으며 전쟁에 관한 영상과 애니메이션을 감상할 수 있는 비디오룸, 원폭 평화관련 도서들을 열람할 수 있는 도서실 등이 마련돼 있다.

녹아 내린 십자가

시마바라 島原

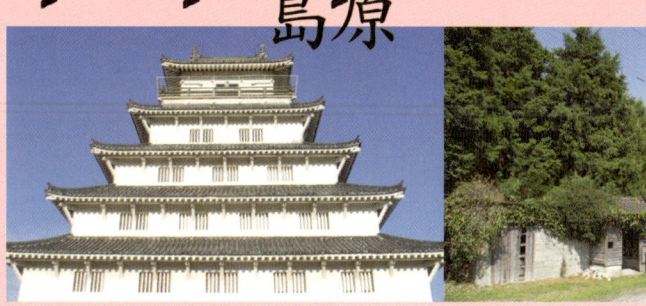

운젠지옥
구치노츠 순교지
이마무라 순교지
시마바라 순교지
시마바라 성
하라성터
하라성 자료관

나가사키 현의 남동부에 있는 시마바라 반도 동쪽 끝에 위치한 반도 중심도시이다. 시마바라 반도 중간에는 1996년까지 화산활동을 했던 운젠산이 있고 주변에 온천이 많다. 운젠다케산 기슭에 위치한 시마바라성은 에도시대 초기인 1618년부터 7년간 축성된 장방형 연관식 평성이다.

이곳에는 크리스천들이 많이 살았는데 수년간 흉작이 계속되면서도 조세가 늘어가고, 크리스천에 대한 박해가 지나치자 1637년 10월 25일에 그리스찬을 중심으로 농민봉기가 시작되었다. 이 농민봉기를 이끈 사람은 16세의 아마쿠사 시로였다. 도쿠가와 막부는 이 농민봉기에 대항하여 12만 명의 군사를 보내 무참하게 짓밟았다. 이듬해 2월 27일 농기가 제압되면서 3만 7천여 명의 크리스천이 목숨을 잃었다.

시마바라
(잉어가 헤엄치는 마을)

시마바라는 예로부터 물의 도시로 마을 중앙에 항상 물이 풍부하게 흐르고 있었다. 땅으로부터 50cm 정도를 파서 마을 전체에 수로를 만들고, 아이들의 감성과 환경을 생각하는 마음에서 하수구에 잉어를 풀었다.

마을 전경

잉어가 헤엄치는 하수구

운젠지옥 (雲仙地獄)

운젠지옥 십자가 순교 기념비
(雲仙地獄 殉教碑)

1612년 새롭게 부임한 시마바라의 영주 마츠쿠라 시게마사는 가혹한 기독교 박해 정책을 실시한다. 1627년부터 1631년까지 '운젠지옥'이라고 불리는 펄펄 끓는 열탕을 개종의 고문에 사용했는데, 나가사키 봉행(시장)인 타케나가도 나가사키의 감옥에 있는 크리스천들을 운젠지옥으로 연행해 10일에서 1개월간에 걸쳐 열탕에 담갔다 꺼내는 고통을 가하며 배교하도록 강요했다. 아리마 하루노부의 가신인 파울로 우치보리 등 16인이 이곳에서 순교하였다.

미미토리 정류소
(みみとり停留所)

오바마 온천에서 운젠을 향해 지그재그로 올라가는 길에 크리스천의 귀를 잘랐던 미미토리(귀 자르는 곳)가 있었다고 하는데, 현재는 미미토리 정류소라는 지명으로 남아 있다.

운젠 순교길
(山入り 殉教の道)

오바마와 구치노츠 그리고 아리에로부터 운젠으로 올라오는 길이 합쳐지는 지점에 '여기부터 운젠'이라고 표시 된 석주와 그 옆에 '이 길을 따라 운젠지옥으로 끌려가는 크리스천들이 걸었다'라는 내용의 안내판이 세워져 있다.

순교의 길 '야마이리(山入)'

나가사키에서 운젠지옥으로 보내지는 것을 '야마이리(입산)'라고 불렀다. 나가사키에서 모기로 나와 배를 타고 오무라만을 건너 운젠으로 올라갔다고 전해진다. 야마이리의 신자들은 한쪽 귀를 잘린 채 끌려갔는데 이는 탈주하더라도 곧바로 크리스천이라는 것을 알 수 있게 하기 위함이었다.

구치노츠 순교지
(口之津殉教地)

1614년 아리마, 아리에에 이어 구치노츠의 교회당 근처의 묘지에서 이틀간에 걸쳐 22명의 크리스천들이 처형되었다. 이 가운데에는 조선 침략 전쟁 시 포로로 끌려와 크리스천에 의해 해방된 두 명의 조선인 크리스천을 비롯해, 무기를 들고 저항하지 않는다는 가르침을 몸으로 실천하며 순교한 무사도 있었다고 전해진다.

이마무라 순교지
(今村殉教地)

마츠쿠라 시게마사가 크리스천들을 처형하기 위해 만든 처형장이다. 1622년 아리마에서 선교하고 있던 베드로 파오로 나바루로 선교사가 이곳에서 화형 당하는 등 시마바라의 수많은 크리스천들이 이곳에서 순교하였다. 1658년 코오리 쿠즈레 사건으로 검거되어 시마바라에 이감된 오무라의 크리스천들도 이곳에서 참수형을 받아 순교하였다.

시마바라 순교지
(島原殉教地)

1627년 2월 21일 16명의 크리스천들이 신앙을 버리지 않는다는 이유로 혹한의 시마바라 앞 바다에 수장되어 순교하였다. 순교자들은 손가락이 잘린 채 바다에 던져졌다가 다시 끌어올려지기를 수차례 반복하다가 끝내 모두 물속에서 숨을 거두었다. 이들 중에는 아리마 하루노부의 중신인 파오로 우치보리의 세 아들도 포함되어 있었는데 가장 (나이 어린) 막내아들은 겨우 다섯 살이었다고 전해진다.

시마바라 성
(島原城)

마츠쿠라 시게마사가 1616년부터 7년간의 혹독한 공사를 벌여 축성한 시마바라 성. '모리가다케죠'라고도 불렀던 이 성은 1637년 시마바라의 난 당시 크리스천 농민군이 격렬하게 공격했지만 끝내 점령하지 못하였다. 명치 시대에 손상됐지만 1964년에 복원되어 현재 크리스천 자료관으로 공개되고 있다.

오바마 역사 자료관
(小浜歷史資料館)

1624년에 완성된 시마바라 성은 아즈치 모모야마식 축성 양식을 보여 주는 성으로 주위 4km의 성내에 7개의 성문이 있었는데 그 중의 하나가 오바마 역사자료관의 정문으로 남아 있다. 시마바라 성에 있던 7개의 문 가운데 어떤 것인지 확실치는 않지만, 당시에는 붉게 칠해져 있었다고 전해지고 있다. '시마바라 난'으로 크리스천 농민군이 시마바라 성을 공략할 당시, 이 문을 사이에 두고 막부군과 공방을 계속하였을 것으로 추측되고 있다.

시마바라 성 자료관에 소장된
소년 장수 아마쿠사 시로의 초상화

시마바라 난(島原亂) 1637년(칸에이, 寬永 14년) 10월25일

크리스천의 수가 많았던 시마바라와 아마쿠사의 농민들은 지나친 기독교 탄압뿐만 아니라 수 년 동안 계속된 흉작과 무거운 조세로 인해 불만이 극에 달하게 되었다. 1637년 10월 25일 크리스천 농민들의 봉기로 '시마바라의 난'이 시작되고, 당시 농민군을 이끌었던 16살의 소년 아마쿠사 시로-토키사다는 1637년 12월 12일 시마바라 성을 공격하지만 결국 함락시키지 못한 채 1638년 1월 폐성이었던 하라 성에 들어가 농성

을 시작한다. 토쿠가와 막부는 이들을 진압하기 위해 나베시마 번, 호소카와 번, 쿠로가와 번 등 서 일본의 모든 번에서 약 12만 명의 막부군을 소집해 하라성을 포위, 공격하기에 이르고, 이듬해인 1638년 2월 27일 결국 성이 함락되면서 부녀자를 포함한 3만 7천여 명의 크리스천이 목숨을 잃었다.

하라성터
(原城跡)

시마바라 난의 마지막 격전지였던 하라성 유적지

크리스천 소년 장수 아마쿠사 시로의 묘비

묘비 옆 십자가

아마쿠사 시로의 머리는 1만인의 잇키군의 머리와 함께 하라성의 오오테몬(정문) 앞에 매장되었다고 전하는데 현재 정확한 위치는 알려지지 않고 있다. 니시아리에쵸의 민가에 남아 있던 공양비는 크리스천 묘비와 함께 하라성 혼마루 일각에 세워진 대형 십자가 옆에 보존되어 있다.

소년장수 아마쿠사 시로-토키사다의 동상

하라성 자료관

외관

하라성 터에서 발굴된 크리스천 농민군의 유골과 성곽의 기와 등을 비롯해 발굴 당시의 상황 등이 전시되어 있다.

크리스천 농민의 유골

시마바라 난을 형상화 해 놓은 부조

오무라 大村

스즈타 감옥 옛터
처자 이별의 바위
마리나 이나히메의 묘
호코바루 순교지
몸체무덤
머리무덤
오무라 시립 사료관
유럽 사절 소년의 동상
오비토리 순교지
호도케타니 암굴
산죠우 터

부활을 두려워 했던 일본 기독교 탄압의 현장으로…

오무라 만 동쪽에 있다. 시 전체가 삼각형 모양의 선상지로 나가사키의 문이자 세계 최초의 해상공항인 나가사키공항 인근에 있고, 현의 중앙에 있으면서 나가사키와 사세보와 교통이 편리하게 연결되어 쾌적한 베드타운으로 발전을 거듭하고 있다. 일본 최초의 크리스천 다이묘(영주)인 오무라 스미타다의 관저가 있고, 곳곳에 기독교 박해 유적지들이 있다.

「郡崩れ(こおりくずれ)」 코오리쿠즈레

시마바라 난(島原亂)이 일어나고 23년 후, 도쿠가와 집안의 3대 장군 이에미쓰(家光)의 혹독한 기독교 탄압으로 일본 내 크리스천은 대부분 사라진 것처럼 보였다. 하지만 1657년, 「오무라의 야쓰기(矢次) 마을에 '시마바라 난'을 이끌었던 소년 장수 '아마쿠사 시로'가 환생했다는 소문이 돌면서 또 다시 크리스천에 대한 강한 탄압이 시작된다. 이로 인해 오무라 지역에 대한 대대적인 수색이 펼쳐지고, 인근 지역의 숨은 기독교인 608명이 체포되기에 이른다. 이들은 오무라 감옥을 비롯해 인근 지역인 나가사키(長崎), 히라토(平戸), 시마바라(島原) 그리고 사가(佐賀)의 5군데에 나누어 수감되었고, 옥사를 한 78명을 제외하고, 99명이 배교를 맹세하고 석방되었으며, 20명은 종신형을, 나머지 411명은 끝까지 자신의 신앙을 지키며 참수되었다. 이들 중 오무라 감옥에 수감 중이던 131명은 1657년 7월 27일 호코바루 처형장에서 참수 되었는데, 이들이 부활할지도 모른다는 두려움에 목과 몸을 떼어내 서로 다른 곳에 묻었다고 전해진다. 이 처형을 시작으로, 나가사키(長崎)에서 123명, 히라토(平戸)에서 64명, 시마바라(島原)에서 56명, 사가(佐賀)에서 37명이 일제히 참수되었다. 시마바라 난(島原亂) 이후, 일본 내에서 이렇게 많은 기독교인이 순교 당한 것은 처음이자 마지막이었다.

스즈타 감옥 옛터
(鈴田牢跡)

오무라 남쪽 작은 언덕에 '미야자키 감옥'이라고 불리는 '스즈타 감옥'이 있다. 1613년 금교령이 내려진 후 1617년부터 1622년까지 외국인 선교사 30여명을 비롯한 크리스천들을 가두었던 곳으로 대나무로 엮은 6평 남짓의 감옥이다.

인근에 1959년 세워진
높이 6m의 십자가 탑

'스즈타 감옥' 고려인 순교 이야기

고려인이었던 '베드로 아리조'는 스즈타 감옥에 갇혀 있던 이들을 불쌍히 여겨 토마스 코사쿠라는 사람에게 부탁해 감옥 안으로 몰래 참외를 넣어 준다. 하지만 옥지기에게 발각돼 붙잡히게 된 두 사람은 신앙을 버릴 것을 강요하는 고문을 당하지만 끝까지 믿음을 지켜 1619년 7월 19일 니시자카에서 참수당했다.

처자 이별의 바위
(妻子別れの石)

니시노쇼지 공민관 앞 묘지에 있다. 코오리쿠즈레로 오무라 감옥에 있던 수감자 131명은 검거된 다음해인 1658년 처형을 위해 호코바루 처형장으로 끌려가게 된다. 이곳은 가족, 친척들과 마지막 이별을 나누며 눈물을 흘렸던 장소로, '처자 이별의 눈물바위'라고 불린다. 당시 너무나 많은 눈물이 흘러서 지금까지도 이끼가 끼지 않는다고 전해진다. 태평양 전쟁으로 일곱 개 중 현재 네 개만 남아 있다.

마리나 이나히메의 묘
(マリナ伊奈姫の墓碑)

처자 이별의 바위 바로 맞은편에 있는 마리나 이나 공주의 묘비.
마리나 이나히메는 오무라 스미타다의 장녀로 신실한 크리스천이었다고 전해진다.
배교를 거절한 이나 공주는 남편의 영지였던 소노기의 저택에서 암자를 지어 불교로 가장해 선교사를 숨겨 주는 등 선교 활동을 돕다가 1639년 1월 7일에 그 생애를 마쳤다.

호코바루 순교지
(放虎原処刑場)

호코바루 순교지 기념비

오무라 영내에서 가장 많은 순교자의 피가 흐른 곳이 바로 호코바루 처형장이다. 1657년 코오리 쿠즈레 당시 체포되어 참수형이 결정된 406명 가운데 131명이 1658년 7월 27일 호코바루의 처형장에서 처형되었다.

순교자들은 형장에 도착해 엄중한 조사를 받은 후 4열로 줄을 지어 무릎 꿇은 채 차례로 참수형을 당하였다. 순교자들은 한 마디의 신음 소리도 내지 않고 묵묵히 죽음을 맞이하였다고 전해진다. 다만 '팟-스' 하는 소리만 들릴 뿐이었다. 현재 이곳에는 순교자 기념탑이 세워져 있는데 정면에는 전국의 순교자를 기념하는 동판 릴리프가 그리고 후면에는 코오리 쿠즈레의 순교자를 기념하는 동판 릴리프가 조각되어 있다.

처형장 전경 부조

몸체무덤 (胴塚跡)

코오리 쿠즈레 당시 목이 잘린 131인의 순교자의 몸체를 사쿠라바바의 인적이 드문 대나무 숲 속에 두 개의 구덩이를 파고 매장하였다고 하는데, 매장 후 3일 만에 몸체를 다시 파내어 오무라만에 버렸다고 전해지고 있다. 지금은 처음 매장하였던 장소에서 150m 정도 남쪽에 순교자 몸체무덤 기념비가 세워져 있다.

도츠카 몸체 무덤 기념상

머리무덤 (首塚跡)

오무라령의 박해(코오 리큐즈레) 당시 호코바루에서 참수된 순교자 131인의 머리가 매장된 곳이다. 머리와 몸을 따로 매장한 이유는 죽은 크리스천이 부활할 것을 겁냈기 때문이라고 전해지고 있다.

순교자가 무릎을 꿇고
기도하는 모습을 본 뜬 청동상

오무라 시립 사료관
(大村市立史料館)

오무라역 인근의 텐쇼유메 광장에 오무라 시립 도서관과 오무라 시립사료관(2층)이 있다. 꽃 십자 문양의 크리스천 묘비와 스페인제 청동 메달 등 오무라 가의 사료들이 전시되어 있다. 스페인제 청동 메달은 1932년 오무라 고등학교 교사 신축을 위해 땅을 파던 중 출토된 것으로 1639년의 연대가 기록되어 있는 오무라 가의 가신인 우다 가의 묘석 아래에서 발견되었다. 길이 11.4cm, 폭 7.4cm의 타원형으로 별로 엮은 관을 쓰고 태양을 입은 채 달을 밟고 있는 마리아의 형상이 새겨져 있다. 16세기 스페인 왕 카르로스 시대에 마드리드 왕립조폐국에서 제조되어 16, 17세기경 일본에 전해진 것으로 귀중한 크리스천 사료로서 그 역사적 의의가 크다고 할 수 있다.

유럽 사절 소년의 동상
(天生少年使節記念碑)

1582년 일본의 선교책임자였던 바리니아노 선교사를 통해 4명의 소년 사절이 로마에 파견되었다. 나가사키를 출항한 소년 사절은 마카오를 경유해 인도양을 건너 2년 반 만에 포르투갈의 리스본에 도착했다. 로마에서 큰 환대를 받고 유럽의 새로운 지식을 몸에 익힌 소년들은 8년만인 1590년 7월 다시 나가사키로 귀국하였다. 이들이 가져 온 지식과 물품들은 일본문화에 지대한 영향을 끼쳤으나 금교 시대 이 네 명의 청년 크리스천 역시 험난한 고난의 길을 걸어야만 했다.
1982년 나가사키 공항으로 들어가는 해안가에 천정유구 소년 사절 파견 400주년을 기념하는 기념비가 건립되었다.

오비토리 순교지
(帯取殉教地)

오무라에서 최초로 크리스천 순교가 이루어진 장소이다. 1612년 막부에 의해 전국에 기독교 금지령이 내려졌다. 그러나 기독교의 선교사들은 일본에 남아 전도를 계속했고 막부와 각 번은 그들의 체포에 힘을 기울였다. 이때부터 많은 선교사들이 체포돼 처형되었다. 오무라에서 최초로 처형된 선교사는 프란치스코회의 후라데 페토로 데 라 아슨시온 선교사와 예수회의 죠안 바디스타 마샤도 선교사였다. 페토로 선교사는 이사하야에서 그리고 마샤도 선교사는 고토에서 체포되어 코오리무라의 감옥에 수감되었고 1617년 5월 22일 오비토리 순교지에서 처형되어 오무라 최초의 순교자가 되었다. 이곳에는 이전부터 신사가 있던 자리로 부러진 신사의 돌기둥이 아직까지 남아 있다.

호도케타니 암굴
(仏の谷洞窟)

1657년 오무라의 코오리 무라(촌)의 잠복 키리스탄이 발각되어 처형된 대사건 '코오리 쿠즈레'의 발단이 된 장소로 쿠로마루고의 류자에몬의 조모가 사건이 일어나기까지 기독교의 성화상을 두고 기도하던 장소라고 전해지는 다섯 평 정도의 암굴.

산죠우 터
(三城跡)

1564년 일본 최초의 크리스천 다이묘(영주)인 오무라 스미타다가 가문의 거성으로 축성했다. 현재 나가사키현 충령탑이 있는 장소를 중심으로 동쪽과 북쪽에는 거대한 곡륜(둥근 성곽)과 몇 개의 작은 곡륜이 이어져 있다. 석축으로 성을 쌓는 기술이 도입되기 전에 지어진 것으로 성 주위에 토벽을 쌓거나 물 없는 호를 파서 수비하도록 축조한 산성으로 비교적 온전하게 보존되어 있어 전국시대 말의 고성으로서 귀중한 가치가 있다. 발굴조사로 철포의 탄환과 차 도구, 기타 생활용품이 출토되어 당시의 성의 모습이 조금씩 알려지고 있다.

우레시노
嬉野

코스테타니
노조에
바바노코야시키
카키우치 감옥 터
타와라자카 검문소
토로 선교사 기념관
엔도 슈사크 문학관

소토메 外海

우레시노(嬉野)-부동산(不動山)

우레시노 서쪽에 위치한 '부동산'. 크리스천들은 박해가 심한 오무라를 벗어난 1607년부터 1650년까지 부동산에 들어가 신앙생활을 이어갔다. 1600년경 이탈리아에서 파견된 카밀로 콘스탄치오 선교사가 부동산에 들어와 1621년부터 1630년에 이르기까지 비밀리에 선교를 계속 이어나갔다. 사가 번의 기록과 우레시노 지역의 전설에 의하면 칸에이 시대에 크리스천에 대한 대대적인 토벌이 있었는데, 당시 일본 크리스천의 시노사 중 한 사람이었던 '후쿠나가 케이안'도 부동산에서 활동하던 중 체포됐다고 전해진다.

소토메(外海)

1만 년 전 구석기 시대부터 인류가 생존했다고 전해지는 소토메는 나가사키 북서부에 위치해 있다. 엔도슈샤쿠의 소설 "침묵"의 배경이 된 이 아름다운 도시는 초기 크리스천들이 많았던 만큼 박해도 심했다. 소토메 역사민속자료관에는 죠몽시대부터 고분시대에 이르는 유물들과 기독교 박해 자료 등이 전시돼 있고, 엔도슈샤크기념관도 있다.

우레시노

자식버린 골짜기 - 코스테타니
(子捨て谷)

부동산의 크리스천에 대한 대대적인 토벌이 있던 당시 오오부네 부락의 크리스천들이 무사들에게 쫓겨 산으로 급히 도망하던 중 어린 자식들을 이 골짜기 아래쪽으로 던져버렸다고 해서 '자식 버린 골짜기(코스테타니)'라고 불리게 되었다.

부동산의 자식 버린 골짜기(코스테타니)에 세워진 기념비

엿보는 곳 - 노조에
(のぞえ)

자식 버린 골짜기(코스테타니)에서 700여 미터 올라간 야마모토카와의 산기슭에 '엿보는 곳(노조에)'이라는 곳이 있는데, 자식을 버리고 산으로 피신한 신도들이 버리고 온 자식들이 걱정되어 산에서 내려와 그곳에서 엿보았다고 하여 '노조쿠(엿보다)'라고 불렸으며 이후 '노조에'라고 불리게 되었다.

보육원 터 – 바바노코야시키
(馬場之子屋敷跡)

어린이를 위한 보육원 등의 시설이 있었다고 추정되는 곳. 추격을 피해 도망하던 크리스천 신자들이 후에 돌아와 무사들에게 잡혀 살해된 자녀들의 시체를 거두어 이곳에서 화장했다고 전해진다.

카키우치 감옥 터
(垣內史跡)

담장을 둘러친 간단한 형태의 임시 감옥을 만들어 신도들을 가둬 두고 그 안에서 처형했다고 전해진다. 애초에는 크리스천들이 비밀리에 모이던 장소였던 곳으로 알려져 있다.

카키우치 감옥 터와 칼 씻은 개울 터 (타찌아라이가와)
크리스천을 처형할 때 사용했던 칼을 씻었던 개울.

타와라자카 검문소
(俵坂関所跡)

나가사키현과 사가현의 경계인
타와라자카 고개에 위치한 검문소

나가사키현과 사가현의 경계인 타와라자카 고개 아래에 위치한 검문소로 크리스천에 대한 검색이 엄중했던 곳이었다고 전해진다. 이곳에서 사무라이 1명과 보병 9명이 경비를 담당했다.

타와라자카 검문소에 세워진 기념비

소토메 (外海)

토로 선교사 기념관

'소토메의 아버지'로 불리는 토로 선교사의 생애도 살펴볼 수 있다.

소토메의 아버지 토로 선교사

토로 선교사는 프랑스 출신으로 1868년 일본에 입국해 선교를 위한 인쇄사업을 시작했다. 이후 1879년 카쿠레(위장) 크리스천이 많이 살고 있는 소토메에 들어가 가난한 지역 주민들을 위해 건축, 의학, 농업 등 광범위한 분야에 걸쳐 봉사하면서 '소토메의 아버지'로서 큰 존경을 받았다. '토로 선교사 기념관'은 토로 선교사가 1885년 작업장과 학교 등의 용도로 사용하기 위해 건립한 곳으로 현재 토로 선교사의 선교활동에 관한 자료들을 전시하고 있다.

엔도 슈사크 문학관
(遠藤周作 文學館)

소토메가 등장하는 잠복 크리스천 시대의 소설인 『침묵』의 저자 엔도슈사크의 생애와 발자취 등이 소토메의 자연과 함께 소개되고 있다.

기념관 맞은편에 위치한 침묵의 비

일본 선교 여행
간편 상식

주기도문
사도신경
당신은 사랑받기 위해 태어난 사람
간편 일본어 회화
나가사키 관광명소 추천 베스트 3
나가사키의 맛과 멋
나가사키 축제 즐기기
나가사키의 주요 축제 및 이벤트

주기도문 (主の祈り/슈노 이노리)

天にまします我らの父よ。
願わくはみ名をあがめさせたまえ 。
み国を来たらせたまえ。
み心の天に成る如く地にもなさせたまえ。
我らの日用の糧を今日も与えたまえ。
我らに罪を犯す者を我らが赦す如く
我らの罪をも赦したまえ。
我らを試みに遭わせず
悪より救い出したまえ。
国と力と栄えとは
限りなく汝のものなればなり。アーメン。

텐니 마시마스 와레라노 치치요.
네가와쿠와 미나오 아가메사세 타마에.
미쿠니오 키타라세 타마에.
미코코로노 텐니 나루고토쿠 치니모 나사세 타마에.
와레라노 니치요우노 카테오 쿄우모 아타에 타마에.
와레라니 츠미오 오카스 모노오 와레라가 유루스 고토쿠
와레라노 츠미오모 유루시 타마에.
와레라오 코코로미니 아와세즈
아쿠요리 스쿠이다시 타마에.
쿠니토 치카라토 사카에토와
카기리나쿠 난지모노노 나레바나리. 아—멘

사도신경 (使徒信条/시토신죠)

我は天地の造り主、全能の父なる神を信ず。
我はその独り子、我らの主、イエス・キリストを信ず。
主は聖霊によりてやどり、おとめマリヤより生れ、ポンテオピラトのもとに苦しみを受け、十字架につけられ、死にて葬られ、陰府にくだり、三日目に死人の内よりよみがえり、天にのぼり、全能の父なる神の右に座したまえり、かしこよりきたりて生ける者と死にたる者とを審きたまはん。
我は聖霊を信ず、聖なる公同の教会、聖徒の交わり、罪のゆるし、からだのよみがえり、とこしえの命を信ず。アーメン。

와레와 텐치노 츠쿠리누시, 젠노우노 치치나루 카미오 신즈.
와레와 소노 히토리코, 와레라노슈, 예수키리스토오 신즈.
슈와 세이레이니 요리테 야도리, 오토메 마리아요리 우마레, 본데오 비라토노 모토니 쿠루시미오 우케, 쥬지카니 츠케라레, 시니테 호우무라레, 요미니 쿠다리, 밋카메니 시닌노 우치요리 요미가에리, 텐니 노보리, 젠노우노 치치나루 카미노 미기니 자시타마에리. 카시코요리 키타리테 이케루 모노토 시니타루 모노토오 사바키 타마완.
와레와 세이레이오 신즈. 세이나루 코우도우노 쿄우카이, 세이토노 마지와리, 츠미노 유루시, 카라다노 요미카에리, 토코시에노 이노치오 신즈. 아ー멘

당신은 사랑 받기 위해 태어난 사람

きみは　あいされるためうまれた
키미와 아이사레루 타메 우마레타

きみは　あいされるため うまれた
키미와 아이사레루 타메 우마레타
きみの しょうがいは あいで みちている
키미노 쇼가이와 아이데 미치테이루 (2회 반복)

えいえんの かみの あいは われらの
에이엔노 카미노 아이와 와레라노
であいの なかで みをむすぶ
데아이노 나카데 미오무스부
きみの そんざいが わたしには
키미노 손자이가 와타시니와
どれほど おおきな よろこびでしょう
도레호도 오오키나 요로코비데쇼

きみは あいされるため うまれた
키미와 아이사레루 타메 우마레타
いまも そのあい うけている
이마모 소노아이 우케테이루 (2회 반복)

일본어 회화 연습

인사하기

아침인사	오하요 고자이마스	おはようございます。
낮 인사	곤니치와	こんにちは。
저녁인사	곤방와	こんばんは。
헤어질 때	사요나라	さようなら。
어서 오세요	이랏샤이 마세	いらっしゃいませ。
건강하십니까	오겡끼 데스까	おげんきですか。

자기소개

처음 뵙겠습니다	하지메 마시테	はじめまして。
저는 OOO입니다	와타시와 OOO 데스	私はOOOです。
잘 부탁합니다	요로시쿠 오네가이시마스	よろしくおねがいします。
만나서 반갑습니다	오아이 데키테 우레시이데스	おあいできてうれしいです。
신세를 지겠습니다	오세와니 나리마스	おせわになります。

감사하기

고맙습니다	아리가토 고자이마스	ありがとうございます。
수고하셨습니다	오츠카레 사마데시타	おつかれさまでした
잘 먹겠습니다	이타다키마스	いただきます。
잘 먹었습니다	고치소 사바데시타	ごちそうさまでした。
더 못 먹습니다	모우 타쿠상데스	もうたくさんです。
천만에요	도우이타 시마시떼	どういたしまして

대답하기

예	하이	はい。
아니요	이이에	いいえ。
그렇습니다	소우데스	そうです。
그렇지 않습니다	소우쟈 아리마센	そうじゃありません。

알겠습니다	와카리마시타	わかりました。
모르겠습니다	와카리마센	わかりません。
안 됩니다	다메데스	だめです。

사과하기

미안합니다	스미마센	すみません。
실례합니다	시츠레이 시마스	しつれいします。
죄송합니다	고멘나사이	ごめんなさい。
괜찮습니까	다이죠부 데스카	だいじょうぶです。

부탁하기

부탁합니다	오네가이시마스	おねがいします
잠깐 기다려 주세요	조토마테 쿠다사이	ちょっと待ってください
한번 더 말해 주세요	모우이치도 잇테 쿠다사이	もう一度いってください。
이것은 무엇입니까	고레와 난데스카	これはなんですか。
물 한 잔 부탁합니다	오미즈 오네가이시마스	おみずおねがいします。
화장실이 어디입니까	토이레와 도코데스카	トイレはどこですか。
지금 몇 시입니까	이마 난지데스카	いまなんじですか。)
도와주세요	타스케테 쿠다사이	たすけてください
경찰을 불러주세요	케이사츠오 욘데 쿠다사이	けいさつをよんでください。

숫자

하나	히또쯔	一つ
둘	후따쯔	二つ
셋	밋쯔	三つ
넷	욧쯔	四つ
다섯	이쯔쯔	五つ
여섯	뭇쯔	六つ

일곱	나나쯔	七つ
여덟	얏쯔	八つ
아홉	코꼬노쯔	九つ
열	토-	十

요일

일요일	니찌요-비	日曜日
월요일	게쯔요-비	月曜日
화요일	카요-비	火曜日
수요일	스이요-비	水曜日
목요일	목꾸요-비	木曜日
금요일	킹요-비	金曜日
토요일	도요-비	土曜日

나가사키 관광 명소 추천 베스트3

글로버 가든

항구가 내려다 보이는 언덕 위에 이국적인 정취를 즐길 수 있는 글로버 가든이 자리잡고 있다. 에도 말기부터 메이지 시대에 걸쳐 외국인 거류지였던 곳으로, 당시에 세운 건물 외에도 복원된 6개의 서양식 건물을 볼 수 있다.
(☎ 095-822-8223 ● 연중무휴 ● 입장료 600엔 ● 오우라텐슈도시타 정류장에서 도보로 7분 거리)

하우스텐보스

중세유럽을 옮겨 놓은 듯 이국적인 관광명소! 도쿄 돔 33개를 합쳐 놓은 광대한 부지에 붉은 벽돌건물들이 즐비한 이국적인 거리, 나가사키 현 최대의 리조트 시설이다. 꽃밭과 운하가 펼쳐져 있고, 박물관, 기념품점, 레스토랑, 호텔 등 즐길거리가 풍성하다
(☎ 0956-27-0001 종합 안내센터 ● 연중무휴 ● www.huistenbosch.co.jp)

신치 차이나타운

신치 차이나카운은 일본 3대 차이나타운 중 하나로 메이지 초기 '신지 쿠라쇼'라는 중국 무역창고에 중국인들이 모여들면서 생겨났다. 50여 개의 중국 음식점과 잡화점이 들어서 있는 리틀 차이나에는 먹을거리와 흥미로운 물건이 가득하다. 나가사키역에서 노면전차를 타고 쓰키마치 정류장에서 내리면 된다.
(☎ 095-822-4261 ● 쓰키마치 정류장에서 근처)

나가사키의 맛과 멋

나가사키는 바다에 접한 지역 특징에 걸맞게 풍부한 해산물과 수산가공품, 온화한 기후와 지형을 반영한 농산물이 다양한데다 오랜 세월에 걸친 해외교류로 인해 자랑할 만한 뛰어난 특산품이 많다.

나가사키 맛 베스트3 – 나가사키에 가면 꼭 먹어보자!

짬뽕

중국 요리점 '시카이로'의 초대 사장이 고안했다는 짬뽕은 이제 나가사키의 대표적인 음식으로 자리 잡았다. 산해진미가 가득해 영양가가 풍부하며 육수가 진하고 구수해 먹어도 먹어도 질리지 않는다. 무엇보다 싸고 맛있다는 점이 최고의 장점!

싯포크 요리

원탁에 여럿이 둘러 앉아 큰 그릇에 놓인 음식들을 나눠 먹는 요리로 귀한 손님에게 대접하는 전통 요리이다. '오히레'라고 불리는 맑은 국을 시작으로 15가지 요리를 맛볼 수 있는데, 중국요리, 서양요리, 일본요리가 한데 어우러져 상다리가 부러질 정도로 가짓수도 많고 호화롭기까지 하다. 삼국의 음식을 한 상에서 맛보는 즐거움이 남다르다.

카스테라

'나가사키!' 하면 떠오르는 여행 선물 중 대표적인 것이 바로 카스테라. 달콤하고 부드러운 맛의 명과 카스텔라는 간식으로 인기가 많다. 에도 시대 초기에 포르투갈에서 전해진 빵으로 지역과 가게에 따라 치즈, 녹차, 초콜릿 등 종류가 다양하다.

나가사키 멋 베스트3 - 하나쯤 간직하고 싶은 나가사키의 멋!

유리 공예품

에도 시대 전해진 유리는 이후 다양한 제조 방법으로 발전했으며 '루리안 나가사키 공예관', '글라스 로드 1571' '유리 공예 남반센' 등에서 아름다운 유리 제품들을 만나볼 수 있다.

고가인형

교토의 이누미인형, 센다이의 데이인형과 함께 일본의 삼대 흙인형 중 하나다. 촌스러운 소박함속에 빨강색, 흰색, 노랑색, 검은색 등 원색을 대담하게 넣은 것이 특이다. 아챠상, 네덜란드상, 서양부인 등이 있다.

연(하타)

나가사키에서는 연에 관한 것을 '하타'라고 부른다. 실에 비도로요마라고 부르는 유리가루를 발라 상대방의 실을 끊는 것이 특징이며, 3월에서 5월 사이의 봄이면 붉은색과 청색이 선명한 연이 푸른 하늘을 춤추는 모습을 쉽게 볼 수 있다.

나가사키 축제 즐기기

나가사키는 전국적으로 유명한 축제가 많다. 여행을 떠나는 지금! 나가사키에서는 어떤 축제가 벌어지고 있을까?

나가사키 쿤치 (매년 10월 7~9일)

매년 10월 7~9일에 거행되는 일본 3대 축제의 하나이다. 음력 9월 9일에 맞춰 '오쿤치'라고도 하는데 나가사키의 가을을 채색하는 스와진자(신사)의 향례축제로 이 신사의 경내를 비롯하여 시내 각지에 오도리바(무도장)가 설치되어 혼오도리 외에 용 등의 가마를 짊어지거나, 나룻배 등의 가마를 끌고 다니면서 화려한 춤이 성대하게 전개된다. 국가 중요 무형민속 문화재로 지정되어 있다. 용의 춤이며 네덜란드만담 등 국제색이 풍부한 가을 축제이다.

등불축제 (음력 1월 1일 ~ 15일)

차이나타운을 중심으로 설날을 기념하는 축제로서 음력 1월 1일부터 1월 15일까지 성대히 개최되는 축제이다. 밤이면 15,000천여 개의 조명이 거리를 환히 밝히고 황제 퍼레이드, 용춤 등 다양한 이벤트가 눈길을 끈다.

페론대회 (6월~8월)

페론대회는 여름을 알린다. 약 350년 전에 나가사키에 살던 중국인이 바다의 신에게 바치기 위해 열렸다고 한다. 현재는 나가사키 각지에서 6월부터 8월까지 페론대회가 열려진다.

범선축제 (4월 26일 ~ 30일)

범선이 정박하고 있는 나가사키 항의 매력을 알리기 위한 축제로, 매년 4월에 개최되는 나가사키의 새로운 봄의 풍물시이다.

그 밖의 축제와 이벤트

헤토마토	1월 16일
일본 26성인순교기념일	2월 5일
하타아게	4월~5월
나가사키 마츠리	4월 27일~29일
페이롱	6월~7월
기온축제	7월 23일~29일
나가사키 오픈 요트 레이스	8월 상순
히라도난반 마츠리	8월 1일~6일
평화기념식전 초롱띄우기·횃불행렬	8월 9일
중국추석 음력	7월 26일~28일
오무라나고시 마츠리	8월 상순
이카이 아메리칸 페스티벌	8월 제1토·일요일
츠시마 아리랑 마츠리	8월 제1토·일요일
쇼로나가시	8월 15일
구라바정원 축제	9월 중순
공자제	10월 7일~9일
나가사키 쿤치	10월 7일~9일
다켄게이	10월 14일~15일
가을 시민 하타아게	10월 마지막 일요일

Grand Hoyo

www.grandhoyo.co.jp

천연 온천 여관 그랜드 호요, 일본 3대 미인 온천 우레시노

한국에서 가장 가까운 일본 온천 마을 우레시노
단 한번의 온천욕으로 피부의 변화를 느낄 수 있습니다.

佐賀県嬉野市嬉野町大字岩屋川内甲338-1
TEL 0954-42-0185   FAX 0954-42-2250
예약 문의 : 02-719-5675~7

http://korean.huistenbosch.co.jp/

Huis Ten Bosch

하우스텐보스 4季 4色

일본속 유럽

열심히 일한 당신 하우스텐보스로 떠나라 !
하우스텐보스에서 느끼는 "이국적 정취" 와 "회복의 시간"

하우스텐보스 및 일본 여행 문의 02-719-5675~7

http://www.nagasaki-tabi.com

오/감/만/족
나가사키

일본 나가사키 기독교 순교지 순례

여　행　지 : 히라도, 사세보, 나가사키, 시마바라, 운젠, 하우스텐보스, 우레시노
순 례 기 간 : 3박 4일(매주 월요일 출발)　　　최소 출발 인원 : 4명
포 함 　내역 : 왕복 항공권, 양국 공항세, 유류할증료, 현지 호텔 3박, 현지 식사, 현지 입장료
　　　　　　 여행자 보험, 전용 차량, 도로비, 주차료
불포함 내역 : 개인 경비, 가이드 팁

1일차
　인천 국제공항 출발(대한항공), 후쿠오카 공항 도착, 히라도 자비에르 기념교회, 기독교 자료관
　일본 교회로 이동, 일본 교회에서 수요예배
　호텔 : 사세보 지역

2일차
　일본 26인 순교자 십자가의 길
　1597년 기독교 박해령으로 붙잡힌 26명의 순교자들은 약 한 달여에 걸쳐 교토에서 나가사키까지 800Km에 달하는 거리를 걸어 십자가에서 처형당한다. 나가사키에 히가시소노기 해변에서 니시자카 언덕까지 순교자들의 발자취를 따라가는 순례길.
　호텔 : 운젠 또는 시마바라 지역

3일차
　일본 기독교 탄압의 현장
　'시마바라난'과 일본의 3대 순교 중 하나인 '나가사키 대순교'를 중심으로 일본 기독교 역사상 가장 많은 박해와 핍박을 받았던 순교지를 찾아가 보는 코스.
　호텔 : 하우스텐보스 내

4일차
　하우스텐보스 자유 관광, 면세 쇼핑, 후쿠오카 공항 출발(대한항공), 인천국제공항 도착

※ 상기 일정은 현지의 도로와 교통 사정에 따라
시간 및 일정의 변동이 있을 수 있습니다.

단체여행문의
넷재팬 070-8288-5505,
　　　 010-5255-5358

www.netjapan.co.kr
http://blog.daum.net/cbs-jp